ARCHIVES DOMESTIQUES.

GÉNÉALOGIE.

Mariages, Naissances, Décès, Actes et Evénements divers.

LIVRE MATRICULE DES FAMILLES.

Première Partie.

TABLETTES GÉNÉALOGIQUES.

Memento dierum antiquorum, cogita generationes singulas: interroga patrem tuum, et annuntiabit tibi, majores tuos, et dicent tibi.

Souvenez-vous des anciens jours ; repassez une à une les générations ; interrogez votre père, et il vous instruira, vos aïeux, et ils vous parleront.

DEUT. XXXII. 7.

IMPRIMERIE DES ADMINISTRATIONS FINANCIÈRES, CHÉNU, RUE CROIX-DE-BOIS, 21, A ORLÉANS.

1863

AVERTISSEMENT.

Scribantur hæc in generatione altera.
Que ceci soit écrit pour la génération future.
Ps. cɪ, 19.

Montaigne a dit quelque part : « Mon père ordonnoit à celuy de ses gens qui lui servoit à escrire d'escrire jour
« par jour sur un papier journal, les Mémoires de l'histoire de la maison, très-plaisante à voir quand le temps
« commence à en effacer la souvenance, et très à propos pour nous oster souvent de peine : quand fut entamée
« telle besogne, quand achevée; quels trains y ont passé; nos voyages, absences, mariages, morts; réception
« des heureuses et malencontreuses nouvelles ; changements des serviteurs principaux et telles matières : usage
« ancien que je trouve bon à rafraîchir chacun en sa chacunière, et me trouve un sot d'y avoir failly (1). »

La négligence dont s'accuse l'auteur des *Essais* est aujourd'hui presque générale. Sur cent familles, il n'en
existe peut-être pas deux dont les archives soient régulièrement tenues. Cette indifférence apparente pour les
traditions domestiques s'explique, du moins en partie et dans bien des cas, par la difficulté de libeller, d'enregistrer,
de classer convenablement les faits si divers et parfois si complexes dont la place est marquée dans les annales
de la vie privée. La présente formule prévoit et applanit la difficulté.

Le Livre-Matricule des familles se recommande comme un *instrument* nouveau à l'aide duquel il devient facile
à chaque membre de la famille de recueillir de sa propre main, dans un ordre méthodique et régulier, avec clarté et
précision, les noms et les dates, les actes et les événements de la vie domestique. Ainsi se trouve constitué, entre les
générations issues d'une même race, cet élément traditionnel dont Montaigne constate et signale l'utilité, mais dont
l'importance ne peut être tout-à-fait appréciée qu'en se plaçant au point de vue moral et religieux : la famille
chrétienne vit de traditions, et les croyances sont bien près de s'éteindre là où le souvenir des aïeux n'est pas même
conservé.

Le Livre se divise en deux parties : la première est exclusivement consacrée à la description des faits et des
dates généalogiques; la seconde à l'enregistrement des *actes* (2) et des événements de la vie privée, dont il peut
paraître opportun de perpétuer le souvenir.

Les traditions orales ou écrites, qui rattachent la génération actuelle aux générations écoulées, peuvent trouver
place sur le *Livre-Matricule des familles* et en occuper les premiers feuillets. Ces inscriptions rétrospectives

---

(1) Essais. xxxɪv. *D'un défault de nos polices.*

(2) Chez les Romains chaque chef de famille tenait un registre domestique, dans lequel il consignait exactement, jour par jour, ses opérations. Ce registre portait le nom général de *Tabulæ* ou de *Codex*. L'austérité et la foi primitives donnèrent un caractère de sanction publique, presque religieuse, à ces Tables domestiques. (M. Ortolan: *Explic. Hist. des Instit. de Justinien*, 1855. ɪɪ. 219.)

sauveraient de l'oubli des traditions éphémères et fugitives encore subsistantes, et formeraient un ensemble de documents déjà précieux pour la génération naissante qui bientôt va succéder à celle-ci.

Les dates et les actes de la vie domestique se liant, dans une foule de cas, à l'histoire locale et quelquefois à l'histoire générale, le *Livre-Matricule des familles* paraît appelé à rendre à la science quelques services. Beaucoup de lacunes historiques, aujourd'hui irrémédiables, seraient comblées si pareil document eût existé dans le passé.

La simplification des recherches, toujours laborieuses et quelquefois *impossibles*, des actes de l'état civil, sera une conséquence de la tenue du présent registre : l'avantage est grand et mérite d'être signalé.

Ainsi, le *Livre-Matricule des familles* satisfait, dans une certaine mesure, à divers intérêts administratifs, historiques, moraux et religieux; consacre un ensemble de dates et de faits importants, facilite les recherches relatives à l'état des personnes, tend à renouer dans l'ordre civil aussi bien que dans l'ordre moral et religieux, la chaîne affaiblie des traditions, et, résolvant un problème jusqu'à présent insoluble, permet au savant de s'orienter avec sûreté, à plusieurs siècles de distance, dans les dédales longtemps inextricables de la généalogie. En résumé, le *Livre-Matricule des familles* tend à constituer, sous un type uniforme, dans chaque famille, un dépôt traditionnel précieux, en divers sens et à divers points de vue, à la famille et à la Religion, à la société et à l'Etat.

Générations d'aujourd'hui qui faites votre histoire, faites la belle; et vous qui compulserez ces feuillets lorsque ceux qui les écrivirent ne seront plus, souvenez-vous que, dans la grande famille des peuples chrétiens, seuls civilisés, *la famille est le berceau de la cité de Dieu* (1).

(1) Saint Augustin.

TABLETTES GÉNÉALOGIQUES.

Famille

TABLEAU Nº 1.

MARIAGE.

DATE	DATE ET HEURE		NOMS, PRÉNOMS, DATE DE LA NAISSANCE, QUALITÉS, DOMICILE			
DU CONTRAT de mariage.	DE L'ACTE civil.	DU MARIAGE religieux.	DU MARI.	DE LA FEMME.	DU PÈRE ET DE LA MÈRE du mari.	de la femme.

* Désigner les noms du notaire, du magistrat, du célébrant, et aussi le nom du sanctuaire.

TABLEAU Nº 2.

NAISSANCE DES ENFANTS. [1]

LIEU, DATE ET HEURE de la NAISSANCE.	NOMS DONNÉS A L'ENFANT.	DATE DU BAPTÊME et désignation DU SANCTUAIRE.	NOMS ET PRÉNOMS DU PARRAIN.	DE LA MARRAINE.

(1) Ouvrir à chaque enfant, lors de son mariage, un feuillet spécial, et indiquer ce feuillet par un renvoi de pagination.

DÉCÈS DES MEMBRES DE LA FAMILLE.

LIEU DU DÉCÈS.	DATE ET HEURE DU DÉCÈS.	NOM DU MEMBRE DE LA FAMILLE DÉCÉDÉ.	AGE DU MEMBRE de la famille décédé	OBSERVATIONS.
				(1)

DÉCÈS DIVERS (Collatéraux, Amis, Bienfaiteurs, Serviteurs).

LIEU DU DÉCÈS.	DATE ET HEURE DU DÉCÈS.	NOM DE LA PERSONNE DÉCÉDÉE.	AGE DE LA personne décédée.	OBSERVATIONS.
				(1)

(1) Désigner ici les pages de la *Chronique* (voir le présent volume, seconde partie) sur lesquelles la personne décédée peut avoir été mentionnée.

TABLETTES GÉNÉALOGIQUES.

Famille .

TABLEAU Nº 1.

MARIAGE.

DATE	DATE ET HEURE		NOMS, PRÉNOMS, DATE DE LA NAISSANCE, QUALITÉS, DOMICILE			
DU CONTRAT de mariage.	DE L'ACTE civil.	DU MARIAGE religieux.	DU MARI.	DE LA FEMME.	DU PÈRE ET DE LA MÈRE	
					du mari.	de la femme.

* Désigner les noms du notaire, du magistrat, du célébrant, et aussi le nom du sanctuaire.

TABLEAU Nº 2.

NAISSANCE DES ENFANTS. [1]

LIEU, DATE ET HEURE de la NAISSANCE.	NOMS DONNÉS A L'ENFANT.	DATE DU BAPTÊME et désignation DU SANCTUAIRE.	NOMS ET PRÉNOMS	
			DU PARRAIN.	DE LA MARRAINE.

(1) Ouvrir à chaque enfant, lors de son mariage, un feuillet spécial, et indiquer ce feuillet par un renvoi de pagination.

DÉCÈS DES MEMBRES DE LA FAMILLE.

LIEU DU DÉCÈS.	DATE ET HEURE DU DÉCÈS.	NOM DU MEMBRE DE LA FAMILLE DÉCÉDÉ.	AGE DU MEMBRE de la famille décédé	OBSERVATIONS. (1)

DÉCÈS DIVERS (Collatéraux, Amis, Bienfaiteurs, Serviteurs).

LIEU DU DÉCÈS.	DATE ET HEURE DU DÉCÈS.	NOM DE LA PERSONNE DÉCÉDÉE.	AGE DE LA personne décédée.	OBSERVATIONS. (1)

(1) Désigner ici les pages de la *Chronique* (voir le présent volume, seconde partie) sur lesquelles la personne décédée peut avoir été mentionnée.

TABLETTES GÉNÉALOGIQUES.

Famille

TABLEAU Nº 1.

MARIAGE.

DATE	DATE ET HEURE		NOMS, PRÉNOMS, DATE DE LA NAISSANCE, QUALITÉS, DOMICILE			
DU CONTRAT de mariage.	DE L'ACTE civil.	DU MARIAGE religieux.	DU MARI.	DE LA FEMME.	DU PÈRE ET DE LA MÈRE	
					du mari.	de la femme.

* Désigner les noms du notaire, du magistrat, du célébrant, et aussi le nom du sanctuaire.

TABLEAU Nº 2.

NAISSANCE DES ENFANTS. [1]

LIEU, DATE ET HEURE de la NAISSANCE.	NOMS DONNÉS A L'ENFANT.	DATE DU BAPTÊME et désignation DU SANCTUAIRE.	NOMS ET PRÉNOMS	
			DU PARRAIN.	DE LA MARRAINE.

(1) Ouvrir à chaque enfant, lors de son mariage, un feuillet spécial, et indiquer ce feuillet par un renvoi de pagination.

DÉCÈS DES MEMBRES DE LA FAMILLE.

LIEU DU DÉCÈS.	DATE ET HEURE DU DÉCÈS.	NOM DU MEMBRE DE LA FAMILLE DÉCÉDÉ.	AGE DU MEMBRE de la famille décédé	OBSERVATIONS. (1)

DÉCÈS DIVERS (Collatéraux, Amis, Bienfaiteurs, Serviteurs).

LIEU DU DÉCÈS.	DATE ET HEURE DU DÉCÈS.	NOM DE LA PERSONNE DÉCÉDÉE.	AGE DE LA personne décédée.	OBSERVATIONS. (1)

(1) Désigner ici les pages de la *Chronique* (voir le présent volume, seconde partie) sur lesquelles la personne décédée peut avoir été mentionnée.

TABLETTES GÉNÉALOGIQUES.

Famille _______________________

TABLEAU N° 1.

MARIAGE.

DATE	DATE ET HEURE		NOMS, PRÉNOMS, DATE DE LA NAISSANCE, QUALITÉS, DOMICILE			
DU CONTRAT de mariage.	DE L'ACTE civil.	DU MARIAGE religieux.	DU MARI.	DE LA FEMME.	DU PÈRE ET DE LA MÈRE	
					du mari.	de la femme.

* Désigner les noms du notaire, du magistrat, du célébrant, et aussi le nom du sanctuaire.

TABLEAU N° 2.

NAISSANCE DES ENFANTS. [1]

LIEU, DATE ET HEURE de la NAISSANCE.	NOMS DONNÉS A L'ENFANT.	DATE DU BAPTÊME et désignation DU SANCTUAIRE.	NOMS ET PRÉNOMS	
			DU PARRAIN.	DE LA MARRAINE.

(1) Ouvrir à chaque enfant, lors de son mariage, un feuillet spécial, et indiquer ce feuillet par un renvoi de pagination.

DÉCÈS DES MEMBRES DE LA FAMILLE.

LIEU DU DÉCÈS.	DATE ET HEURE DU DÉCÈS.	NOM DU MEMBRE DE LA FAMILLE DÉCÉDÉ.	AGE DU MEMBRE de la famille décédé	OBSERVATIONS.
				(1)

DÉCÈS DIVERS (Collatéraux, Amis, Bienfaiteurs, Serviteurs).

LIEU DU DÉCÈS.	DATE ET HEURE DU DÉCÈS.	NOM DE LA PERSONNE DÉCÉDÉE.	AGE DE LA personne décédée.	OBSERVATIONS.
				(1)

(1) Désigner ici les pages de la *Chronique* (voir le présent volume, seconde partie) sur lesquelles la personne décédée peut avoir été mentionnée.

TABLETTES GÉNÉALOGIQUES.

Famille ......

TABLEAU N° 1.

MARIAGE.

DATE du contrat de mariage.	DATE ET HEURE		NOMS, PRÉNOMS, DATE DE LA NAISSANCE, QUALITÉS, DOMICILE			
	DE L'ACTE civil.	DU MARIAGE religieux.	DU MARI.	DE LA FEMME.	DU PÈRE ET DE LA MÈRE	
					du mari.	de la femme.
*	*	*				

* Désigner les noms du notaire, du magistrat, du célébrant, et aussi le nom du sanctuaire.

TABLEAU N° 2.

NAISSANCE DES ENFANTS. (1)

LIEU, DATE ET HEURE de la NAISSANCE.	NOMS DONNÉS A L'ENFANT.	DATE du BAPTÊME et désignation DU SANCTUAIRE.	NOMS ET PRÉNOMS	
			DU PARRAIN.	DE LA MARRAINE.

(1) Ouvrir à chaque enfant, lors de son mariage, un feuillet spécial, et indiquer ce feuillet par un renvoi de pagination.

DÉCÈS DES MEMBRES DE LA FAMILLE.

LIEU DU DÉCÈS.	DATE ET HEURE DU DÉCÈS.	NOM DU MEMBRE DE LA FAMILLE DÉCÉDÉ.	AGE DU MEMBRE de la famille décédé	OBSERVATIONS. (1)

DÉCÈS DIVERS (Collatéraux, Amis, Bienfaiteurs, Serviteurs).

LIEU DU DÉCÈS.	DATE ET HEURE DU DÉCÈS.	NOM DE LA PERSONNE DÉCÉDÉE.	AGE DE LA personne décédée.	OBSERVATIONS. (1)

(1) Désigner ici les pages de la *Chronique* (voir le présent volume, seconde partie) sur lesquelles la personne décédée peut avoir été mentionnée.

TABLETTES GÉNÉALOGIQUES.

Famille ....

TABLEAU N° 1.

MARIAGE.

DATE	DATE ET HEURE		NOMS, PRÉNOMS, DATE DE LA NAISSANCE, QUALITÉS, DOMICILE			
DU CONTRAT de mariage.	DE L'ACTE civil.	DU MARIAGE religieux.	DU MARI.	DE LA FEMME.	DU PÈRE ET DE LA MÈRE	
					du mari.	de la femme.

* Désigner les noms du notaire, du magistrat, du célébrant, et aussi le nom du sanctuaire.

TABLEAU N° 2.

NAISSANCE DES ENFANTS. (1)

LIEU, DÁTE ET HEURE de la NAISSANCE.	NOMS DONNÉS A L'ENFANT.	DATE DU BAPTÊME et désignation DU SANCTUAIRE.	NOMS ET PRÉNOMS	
			DU PARRAIN.	DE LA MARRAINE.

(1) Ouvrir à chaque enfant, lors de son mariage, un feuillet spécial, et indiquer ce feuillet par un renvoi de pagination.

DÉCÈS DES MEMBRES DE LA FAMILLE.

LIEU DU DÉCÈS.	DATE ET HEURE DU DÉCÈS.	NOM DU MEMBRE DE LA FAMILLE DÉCÉDÉ.	AGE DU MEMBRE de la famille décédé	OBSERVATIONS.
				(1)

DÉCÈS DIVERS (Collatéraux, Amis, Bienfaiteurs, Serviteurs).

LIEU DU DÉCÈS.	DATE ET HEURE DU DÉCÈS.	NOM DE LA PERSONNE DÉCÉDÉE.	AGE DE LA personne décédée.	OBSERVATIONS.
				(1)

(1) Désigner ici les pages de la *Chronique* (voir le présent volume, seconde partie) sur lesquelles la personne décédée peut avoir été mentionnée.

TABLETTES GÉNÉALOGIQUES.

Famille

TABLEAU N° 1.

MARIAGE.

DATE	DATE ET HEURE		NOMS, PRÉNOMS, DATE DE LA NAISSANCE, QUALITÉS, DOMICILE			
DU CONTRAT de mariage.	DE L'ACTE civil.	DU MARIAGE religieux.	DU MARI.	DE LA FEMME.	DU PÈRE ET DE LA MÈRE du mari.	de la femme.

* Désigner les noms du notaire, du magistrat, du célébrant, et aussi le nom du sanctuaire.

TABLEAU N° 2.

NAISSANCE DES ENFANTS. [1]

LIEU, DATE ET HEURE de la NAISSANCE.	NOMS DONNÉS A L'ENFANT.	DATE DU BAPTÊME et désignation DU SANCTUAIRE.	NOMS ET PRÉNOMS DU PARRAIN.	DE LA MARRAINE.

(1) Ouvrir à chaque enfant, lors de son mariage, un feuillet spécial, et indiquer ce feuillet par un renvoi de pagination.

DÉCÈS DES MEMBRES DE LA FAMILLE.

LIEU DU DÉCÈS.	DATE ET HEURE DU DÉCÈS.	NOM DU MEMBRE DE LA FAMILLE DÉCÉDÉ.	AGE DU MEMBRE de la famille décédé	OBSERVATIONS. (1)

DÉCÈS DIVERS (Collatéraux, Amis, Bienfaiteurs, Serviteurs).

LIEU DU DÉCÈS.	DATE ET HEURE DU DÉCÈS.	NOM DE LA PERSONNE DÉCÉDÉE.	AGE DE LA personne décédée.	OBSERVATIONS. (1)

(1) Désigner ici les pages de la *Chronique* (voir, le présent volume, seconde partie) sur lesquelles la personne décédée peut avoir été mentionnée.

TABLETTES GÉNÉALOGIQUES.

Famille _______________________________

TABLEAU Nº 1.

MARIAGE.

DATE	DATE ET HEURE		NOMS, PRÉNOMS, DATE DE LA NAISSANCE, QUALITÉS, DOMICILE			
DU CONTRAT de mariage.	DE L'ACTE civil.	DU MARIAGE religieux.	DU MARI.	DE LA FEMME.	DU PÈRE ET DE LA MÈRE du mari.	de la femme.

* Désigner les noms du notaire, du magistrat, du célébrant, et aussi le nom du sanctuaire.

TABLEAU Nº 2.

NAISSANCE DES ENFANTS. [1]

LIEU, DATE ET HEURE de la NAISSANCE.	NOMS DONNÉS A L'ENFANT.	DATE DU BAPTÊME et désignation DU SANCTUAIRE.	NOMS ET PRÉNOMS DU PARRAIN.	DE LA MARRAINE.

(1) Ouvrir à chaque enfant, lors de son mariage, un feuillet spécial, et indiquer ce feuillet par un renvoi de pagination.

DÉCÈS DES MEMBRES DE LA FAMILLE.

LIEU DU DÉCÈS.	DATE ET HEURE DU DÉCÈS.	NOM DU MEMBRE DE LA FAMILLE DÉCÉDÉ.	AGE DU MEMBRE de la famille décédé	OBSERVATIONS.
				(1)

DÉCÈS DIVERS (Collatéraux, Amis, Bienfaiteurs, Serviteurs).

LIEU DU DÉCÈS.	DATE ET HEURE DU DÉCÈS.	NOM DE LA PERSONNE DÉCÉDÉE.	AGE DE LA personne décédée.	OBSERVATIONS.
				(1)

(1) Désigner ici les pages de la *Chronique* (voir le présent volume, seconde partie) sur lesquelles la personne décédée peut avoir été mentionnée.

LIVRE MATRICULE DES FAMILLES.

Seconde Partie.

CHRONIQUE DOMESTIQUE.

Mentionner dans cette *Chronique* les contrats de mariage, d'acquisitions ou de ventes, les testaments, les arrêts qui auraient consacré des droits incertains ou litigieux, les décisions ou ordonnances constitutives de titres ou de dignités, et en général tous les actes ou événements qui auraient réagi sur la situation de la famille. Y consigner la biographie sommaire des membres de la famille qui se seraient signalés ; intercaler au besoin dans le texte les portraits photographiques ; indiquer les charges occupées, les magistratures remplies, les services rendus à la Religion et à la cité ou à l'Etat ; relater les circonstances relatives à l'éducation des enfants et à leur entrée dans le monde, les entreprises importantes, les fondations d'établissements civils ou religieux, les voyages, etc., etc.

IMPRIMERIE DES ADMINISTRATIONS FINANCIÈRES, CHENU, A ORLÉANS.

1860.

CHRONIQUE DOMESTIQUE.

Famille

DATES.	ACTES ET ÉVÉNEMENTS DIVERS.	DATES.	ACTES ET ÉVÉNEMENTS DIVERS.

CHRONIQUE DOMESTIQUE.

Famille

DATES.	ACTES ET ÉVÉNEMENTS DIVERS.	DATES.	ACTES ET ÉVÉNEMENTS DIVERS.

CHRONIQUE DOMESTIQUE.

Famille

DATES.	ACTES ET ÉVÉNEMENTS DIVERS.	DATES.	ACTES ET ÉVÉNEMENTS DIVERS.

CHRONIQUE DOMESTIQUE.

Famille

DATES.	ACTES ET ÉVÈNEMENTS DIVERS.	DATES.	ACTES ET ÉVÈNEMENTS DIVERS.

CHRONIQUE DOMESTIQUE.

Famille

DATES.	ACTES ET ÉVÉNEMENTS DIVERS.	DATES.	ACTES ET ÉVÉNEMENTS DIVERS.

CHRONIQUE DOMESTIQUE.

Famille

DATES.	ACTES ET ÉVÉNEMENTS DIVERS.	DATES.	ACTES ET ÉVÉNEMENTS DIVERS.

CHRONIQUE DOMESTIQUE.

Famille

DATES.	ACTES ET ÉVÉNEMENTS DIVERS.	DATES.	ACTES ET ÉVÉNEMENTS DIVERS.

CHRONIQUE DOMESTIQUE.

Famille

DATES.	ACTES ET ÉVÉNEMENTS DIVERS.	DATES.	ACTES ET ÉVÉNEMENTS DIVERS.

CHRONIQUE DOMESTIQUE.

Famille

DATES.	ACTES ET ÉVÈNEMENTS DIVERS.	DATES.	ACTES ET ÉVÉNEMENTS DIVERS.

CHRONIQUE DOMESTIQUE.

Famille

DATES.	ACTES ET ÉVÉNEMENTS DIVERS.	DATES.	ACTES ET ÉVÉNEMENTS DIVERS.

CHRONIQUE DOMESTIQUE.

Famille

DATES.	ACTES ET ÉVÉNEMENTS DIVERS.	DATES.	ACTES ET ÉVÉNEMENTS DIVERS.

CHRONIQUE DOMESTIQUE.

Famille

DATES.	ACTES ET ÉVÉNEMENTS DIVERS.	DATES.	ACTES ET ÉVÉNEMENTS DIVERS.

CHRONIQUE DOMESTIQUE.

Famille

DATES.	ACTES ET ÉVÉNEMENTS DIVERS.	DATES.	ACTES ET ÉVÉNEMENTS DIVERS.

CHRONIQUE DOMESTIQUE.

Famille

DATES.	ACTES ET ÉVÉNEMENTS DIVERS.	DATES.	ACTES ET ÉVÉNEMENTS DIVERS.